Das Kita-
Jahreszeitenbuch

Natur erleben

Bildnachweis

Freepik.com
S. 15: photographeeasia | S. 22: callmetak

GettyImages.de
S. 1: dvoriankin | S. 5: Catherine Delahaye | S. 10, 55: DamianKuzdak | S. 13: Jonas Rönnbro | S. 23: AlexLinch | S. 32: Catherine Falls Commercial | S. 36: Andreas Häuslbetz | S. 41: Dmitry Artamonov | S. 48: Martinan | S. 59: Halfpoint Images | S. 71: SbytovaMN | S. 74: Dan Brownsword | S. 79: Hannah Bichay

Impressum

ISBN: 978-3-96046-269-9

Das Kita-Jahreszeitenbuch
Natur erleben

Redaktion	Sarah Baudisch
Autorin	Yvonne Wagner
Umschlagillustration	Anke Dammann
Gestaltung und Satz	DOPPELPUNKT, Stuttgart
Druck	Grafik Media Produktionsmanagement, Köln

Klett Kita GmbH
Rotebühlstr. 77
70178 Stuttgart
www.klett-kita.de

Inhalt

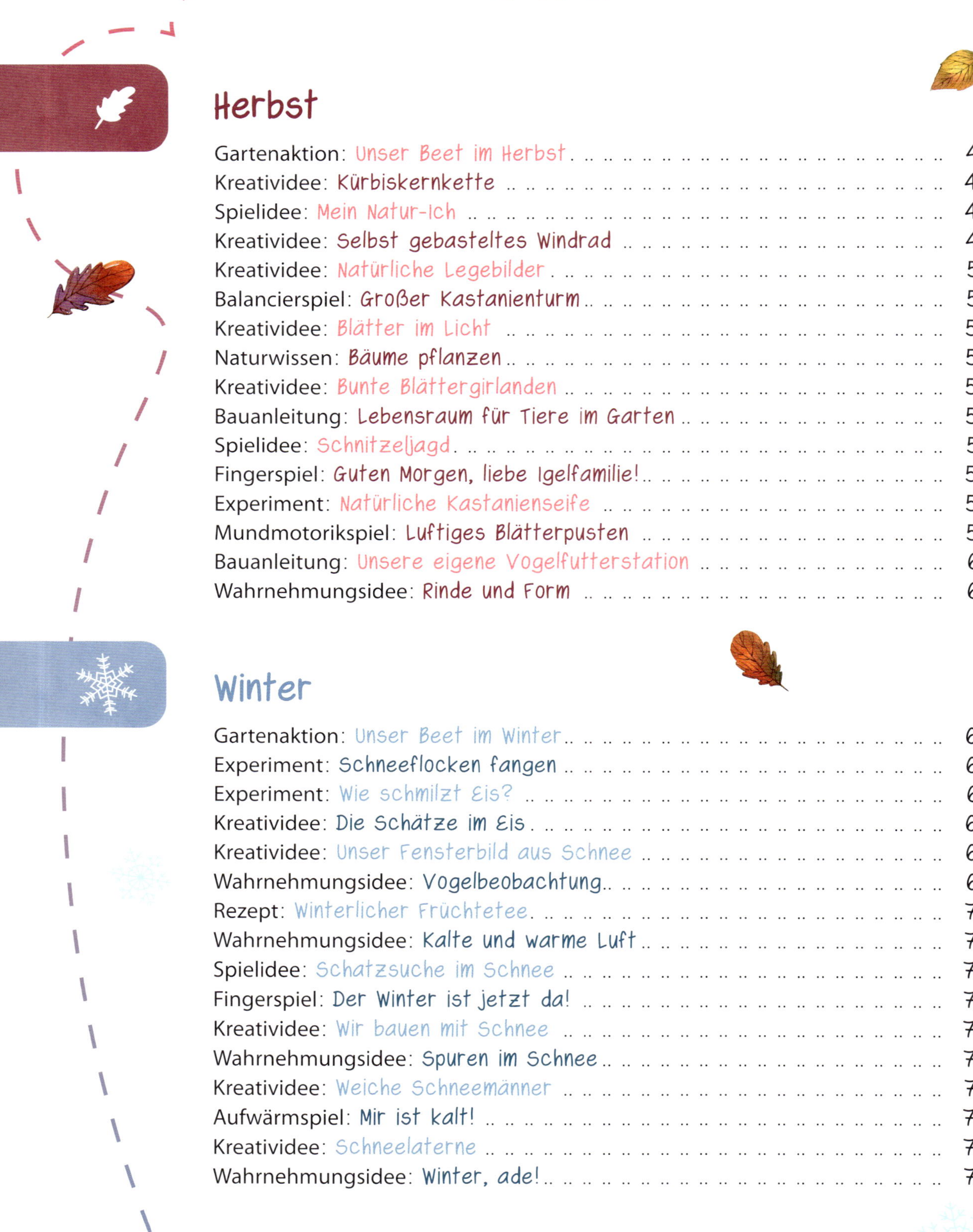

Herbst

Winter

Liebe Leser:innen,

die Natur bietet das ganze Jahr über unendlich viele Anlässe zum Spielen, Staunen und Lernen. Meist braucht es nicht viel, denn die Kinder lassen sich von ihrer Umgebung inspirieren. Die Freiheit, draußen zu sein, gibt aktiven Kindern Raum, ruhigen Kindern Platz und einer Gruppe die Möglichkeit, sich individuell zu entfalten.

Kinder sollten die Möglichkeit haben, Natur zu erfassen und zu verstehen. Das ist die Basis für aktiven Umweltschutz. Denn wer Pflanzen, Tiere und Ökosysteme kennt, wird sie meist auch schützen wollen.

Die Ideen in diesem Buch bieten zu jeder Jahreszeit Anregungen zum Spielen, Basteln, Aktivwerden oder Nachdenken. Die Kinder können ihren Wortschatz erweitern und soziale Fähigkeiten üben. Sie lernen naturwissenschaftliche Zusammenhänge kennen und probieren sich selbst aus. Sie bewegen sich und trainieren ihre Feinmotorik. Und bei all dem dürfen sie lachen, staunen, sich freuen und begreifen, wie wunderbar die Natur doch das ganze Jahr über ist!

Viel Freude mit der Natur wünscht Ihnen

Ihre Yvonne Wagner

Frühling

Unser Beet im Frühling

Gartenaktion

Alter: ab 3 Jahren
Dauer: 1 Vormittag

Material

- frische Erde (Humus)
- Kompost
- Samen und Pflanzen
- Spaten
- Schaufeln
- Markierungen (z. B. Holzstäbe, Steine)
- Stöcke (oder Eisstiele)
- Gießkannen

Im eigenen Gemüsebeet wachsen verschiedene Kräuter und Gemüsepflanzen. Die Kinder arbeiten fleißig mit und erleben so das ganze Jahr über, wie sie selbst für Nahrungsmittel sorgen können.

In unserem Garten entsteht ein Beet

Gibt es noch kein Beet im Garten, müssen Sie es zunächst, vielleicht mithilfe von den Eltern, anlegen. Dazu messen Sie einen kleinen Bereich aus und stechen mit Spaten und Schaufeln das Gras aus. Markieren Sie die Umrisse, beispielsweise mit Holzstäben oder Steinen, als Abgrenzung zum übrigen Garten. Geben Sie gemeinsam mit den Kindern Kompost und frische Erde auf die ausgestochene Fläche und drücken Sie alles etwas fest. Die Kinder dürfen dabei vorsichtig ihre bloßen Hände benutzen, um die Kleintiere, wie Regenwürmer oder Käfer, in der Erde zu entdecken.

Wir machen uns an die Arbeit!

Nun wird gesät und gepflanzt. Im Frühjahr, etwa ab März, können die Kinder z. B. Salate, Karotten, Schnittlauch und Petersilie säen oder pflanzen. Ab Ende Mai dürfen dann auch Bohnen, Tomaten und Zucchini nach draußen.

Was wächst bei uns?

Beschriften Sie Stöcke (oder Eisstiele) und stecken Sie diese in die Erde, damit Sie immer wissen, was an der jeweiligen Stelle wachsen soll. Jeden Tag dürfen die Kinder nachsehen und die Pflanzen eventuell gießen. Wenn die Pflanzen bereit sind, können die Kinder ernten.

Spaß mit Pfützen

Wahrnehmungsidee

Im Frühling gibt es oft Regen oder gar schmelzenden Schnee. Da finden die Kinder sicher einige Pfützen auf den Wegen rund um die Kita. Alle ziehen sich Gummistiefel an und los geht's!

Alter: ab 3 Jahren
Dauer: 10 Minuten

Es hat geregnet ...

Gehen Sie nach einem Regentag oder an einem schönen sonnigen Tag, wenn der Schnee geschmolzen ist, mit den Kindern nach draußen und suchen Sie gemeinsam nach Pfützen. Geben Sie den Kindern Zeit, die Pfütze genau und in Ruhe zu betrachten: Welche Form hat sie und kann man sich darin spiegeln? Ist noch etwas Eis darauf? Was gibt es außerdem zu sehen? Dann laufen die Kinder vorsichtig durch die Pfütze und beobachten, wie anschließend ihre Fußspuren aussehen. Welche Spuren sind groß, welche sind klein und welche haben das gleiche Muster? Was passiert mit dem Wasser?

Das große Pfützenspringen

Zum Schluss dürfen die Kinder in die Pfütze springen. Am besten tun sie dies nacheinander und halten etwas Abstand, sodass niemand allzu nass wird. Ist die Pfütze leer, dürfen sich die Kinder eine neue Pfütze suchen.

Tipp

Eine große Pfütze eignet sich sehr gut für ein kleines Spiel: Die Kinder laufen um die Pfütze herum, mal langsamer, mal schneller – wer aus Versehen in die Pfütze tritt, setzt eine Runde aus.

Wo wohnen die Tiere?

Fingerspiel

Alter: ab 3 Jahren
Dauer: 10 Minuten

Wo wohnen eigentlich die Tiere? Dieses Fingerspiel zeigt einige Beispiele und bietet Impulse, mit den Kindern darüber zu sprechen, wo weitere Tiere wohnen.

Bau: Feldmaus, Fuchs, Dachs, Otter
Bett: Hirsch, Reh
Burg: Biber, Bisamratte
Haus: Schnecke
Höhle: Bär, Fledermaus
Horst: Adler, Falke, Geier
Hügel: Ameise
Kobel: Eichhörnchen
Lager: Wolf, Wildschwein
Nest: Vogel, Wespe, Igel
Netz: Spinne
Sasse (Mulde): Feldhase

Hier ist das Nest für die Vögel
Die Hände wie ein Nest offen aneinanderhalten.
und die Bienen wohnen hier.
Alle Finger miteinander verkreuzen und einen Bienenstock formen.

Das ist ein Bau fürs Kaninchen
Beide Daumen- und beide Zeigefingerspitzen aneinanderlegen und so einen Kreis bilden.
und in diesem Haus wohnt ihr!
Mit Daumen und Zeigefingern ein Dreieck formen.

Wasser für die Insekten und Vögel

Tierschutzaktion

Alter: ab 3 Jahren
Dauer: 10 Minuten

Material
- große Schale
- Steine
- Wasser
- ggf. Ast

Vögel und Insekten brauchen das ganze Jahr über etwas zu trinken. Sobald es im Frühling nicht mehr friert, kommen sie gern an eine Tränke. Dort können die Kinder sie in Ruhe vom Fenster aus beobachten.

Tipp

Beobachten Sie die Tränke gemeinsam mit den Kindern und starten Sie danach eine kleine Malrunde: Welche Tiere haben die Kinder gesehen? Wie sahen sie aus? Wissen die Kinder, wo die Tiere leben und was sie machen? Sprechen Sie später gemeinsam über die gemalten Bilder.

Unsere eigene Vogeltränke

Gehen Sie in den Garten und suchen Sie etwas, das als Erhöhung dienen kann, um die Tränke für die Vögel und Insekten aufzustellen – das kann ein Baumstumpf sein, eine alte Leiter oder ein altes Ofenrohr. Wichtig dabei ist, dass es stabil steht, hoch genug (wegen der Katzen) und vom Fenster aus gut sichtbar ist. Die Kinder suchen zwei bis vier Steine verschiedener Größen und Formen heraus und legen sie in die Schale. Gießen Sie die Schale mit Wasser auf. Dabei sollte mindestens ein Stein aus dem Wasser herausschauen. Stellen Sie dann die Schale auf die Erhöhung, denn hier lassen sich Bienen, Wespen und Hummeln sowie Schmetterlinge gern zum Trinken nieder. Falls möglich, befestigen Sie in der Schale noch einen Ast als Landeplatz für die Vögel. Wechseln Sie das Wasser außerdem täglich, damit sich keine Krankheitserreger ausbreiten.

Ein Dorf für unsere Minis

Spielidee

Alter: ab 3 Jahren
Dauer: 1 Stunde

Bei einem Spaziergang im Wald haben die Kinder Gelegenheit, mit Naturmaterialien zu bauen und zu gestalten. Wie wäre es mit einem kleinen Zwergendorf?

Mit etwas Fantasie ...

Gehen Sie mit den Kindern in den Wald. Suchen Sie gemeinsam einen Baum mit besonders schön geformten Wurzeln, die einen Hohlraum bilden. Fragen Sie die Kinder, wer hier wohnen könnte: Zwerge, Elfen, Mäuse? Regen Sie dazu an, den kleinen Wesen Häuser in den Hohlräumen zu bauen. Dafür müssen die Kinder verschiedene Materialien suchen und ausprobieren, wie sie damit bauen können. Sie stapeln Steine oder kleine Fichtenzapfen, legen Tannennadeln und Blätter darauf und bauen einen Zaun aus Zweigen. So entsteht bald ein kleines Dorf. Dabei müssen die Kinder gut zusammenarbeiten oder sich aufteilen, damit sich alle frei entfalten können. Lassen Sie die Kinder abschließend erzählen, wer in dem entstandenen Dorf wohnt und was die Kinder alles gebaut haben. Beim nächsten Waldbesuch kann das Mini-Dorf erweitert werden.

Kleine Pflanze, wirst du wachsen?

Experiment

Alter: ab 4 Jahren
Dauer: 20 Minuten

Naturforscher:innen, aufgepasst! Aus welchen der kleinen Samen entstehen tatsächlich richtige Pflanzen? Das finden die Kinder in diesem Experiment heraus. Jetzt heißt es: Gießen, Warten und Beobachten. Was für ein Naturschauspiel!

Material

- Blumentöpfe oder -kästen
- Anzuchterde
- Samen
- Markierungen (z. B. Holzstäbe)
- Permanentmarker
- Sprühflasche mit Wasser

Pflanzenvielfalt

Jedes Kind bringt mindestens einen Samen von zu Hause mit – das können Obst-, Gemüse- oder auch Blumensamen sein. Dann befüllen die Kinder die Blumentöpfe oder -kästen mit Anzuchterde und drücken diese gut an. Auf die Erde legen sie ihre Samen, streuen nochmals etwas Erde darüber und drücken diese leicht fest. Je feiner der Samen ist, desto weniger Erde soll es sein (bei Salat am besten gar keine). Stecken Sie beschriftete Holzstäbe zu jedem Samen, sodass Sie wissen, was an welcher Stelle angepflanzt wurde. Nun sprühen die Kinder noch etwas Wasser auf die Erde und dann heißt es warten.

Sieh mal, was da wächst!

Jeden Tag können die Kinder nachsehen, ob schon etwas keimt und wächst: Wie lange dauert es, bis eine Pflanze erkennbar ist? Schaffen es alle Pflanzen? Sobald die Pflanzen mindestens 5 cm groß sind, sollten sie umgetopft werden.

Kartoffeln aus dem Sack

Pflanzaktion

Alter: ab 4 Jahren
Dauer: 20 Minuten

Material

- großer Sack (mind. 20 l)
- Schere
- Pflanzerde
- Pflanzkartoffeln (oder gekeimte Biokartoffeln)
- Gießkanne

Eigene Kartoffeln anzubauen, ist gar nicht so schwer! Die Kinder erleben, wie die Kartoffelpflanzen wachsen, und haben sicher Lust, das vielfältige Gemüse nach der Ernte zu essen.

Unsere Kartoffelernte

Stellen Sie den Sack an einem sonnigen Ort auf. Ist der Sack sehr dicht, stechen Sie mit der Schere ein paar Löcher rundherum knapp über dem Boden ein. Die Kinder krempeln den Rand um, sodass er etwa 40 cm hoch stehen bleibt. Jetzt füllen sie reichlich Erde in den Sack (bis ca. 10 cm unter den Rand) und klopfen sie fest. Auf der Erde werden die vorgekeimten Kartoffeln verteilt. Die „Augen", also die Keime, schauen dabei nach oben oder zur Seite. Jede Kartoffel braucht mindestens 10 cm Platz rundherum. Zuletzt füllen die Kinder bis zum Rand des Sacks Erde auf, klopfen sie leicht fest und gießen etwas an.

Sobald grüne Blätter etwa 10 cm hochgewachsen sind, füllen die Kinder wieder etwas Erde auf. Dafür krempeln sie den Rand des Sacks ein Stück weiter nach oben. Ist das Kraut verwelkt, ist es Zeit für die Kartoffelernte!

Selbst gemachte Astrasseln

Handwerksaktion

Alter: ab 5 Jahren
Dauer: 20 Minuten

Material

- Äste mit Gabelung
- Bindfaden (oder Draht)
- Schere
- Kronkorken
- große Nägel
- Hammer

In der Natur gibt es allerlei Material, aus dem sich praktische Dinge herstellen lassen. Verwenden die Kinder zusätzlich Wertstoffe aus der Abfalltonne, können sie sogar Instrumente bauen.

Was klingt und rasselt denn da?

Gehen Sie mit den Kindern in den Wald oder in einen Park. Dort dürfen sie sich geeignete Äste suchen, die eine schöne Y-Gabelung haben. Vielleicht gibt es sogar Äste mit drei oder mehr Gabelungen? Dann müssen die Kinder die Kronkorken vorbereiten. Dazu legen sie jeweils einen Kronkorken auf den Boden oder einen geeigneten Untergrund und stechen ein Loch hinein. Hierfür eignen sich vor allem ein großer Nagel und ein Hammer. Dann fädeln die Kinder einige Kronkorken auf ein Stück Draht oder Bindfaden. Diesen befestigen sie an beiden Seiten ihrer Astgabel und schneiden das Ende mit einer Schere ab. Und voilà, schon können die Kinder mit ihrer selbst gemachten Astrassel musizieren!

Tipp

Alternativ zu den Kronkorken können die Kinder auch Schneckenhäuser, kleine Aststücke oder Muscheln anbringen.

Auf der Suche nach Waldschätzen

Wahrnehmungsidee

Material
1 kleiner Beutel
(für jedes Kind)

Alter: ab 3 Jahren
Dauer: 30 Minuten

Spazierengehen im Wald ist langweilig? Ganz und gar nicht! Denn hier gibt es so viel zu entdecken. Mit interessanten Aufgaben wird ein Waldausflug richtig aufregend!

Mein eigener Naturschatz

Machen Sie mit den Kindern einen Ausflug in den Wald und vereinbaren Sie vor Ort die wichtigsten Regeln. Lassen Sie die Kinder dann (beaufsichtigt) ausschwärmen und sich auf die Suche nach Waldschätzen begeben, die sie in ihre Beutel packen können. Hierbei können die Kinder selbst entscheiden, welche Schätze und Naturmaterialien sie sammeln, oder Sie geben zu Beginn bestimmte Impulse, wie zum Beispiel „etwas Rundes“, „etwas Weiches“ oder „etwas Weißes“. Die Kinder können Steine und Moos sammeln, aber auch nach leeren Schneckenhäusern oder abgenagten Zapfen Ausschau halten. Vielleicht sind auch Federn oder sogar kleine Skelette zu finden.

Vorsicht ist geboten!

Manche Schätze darf man nicht mitnehmen: Spinnennetze können Sie fotografieren. Pilze und Beeren sollen die Kinder nicht pflücken (außer Sie können die Beeren eindeutig identifizieren und diese hängen hoch genug, um keinen Fuchsbandwurm zu übertragen).

Regeln im Wald

- In Sicht- und Hörweite bleiben.
- Auf alle anderen Menschen, Tiere und Pflanzen achtgeben.
- Immer in der (Klein-)Gruppe bleiben.
- Keine abgesperrten Gebiete betreten.
- Keinen Müll im Wald hinterlassen.
- Auf Schilder achten.

Farben im Frühling

Wahrnehmungsidee

Alter: ab 4 Jahren
Dauer: 20 Minuten

Material
- Wasserfarben
- festes weißes Papier
- Pinsel

Holz ist braun und Blätter sind grün! Stimmt das etwa nicht? Die Kinder finden selbst heraus, dass natürliche Farben sehr viele Nuancen haben.

Grün, grün, grün …

Gehen Sie mit den Kindern in den Garten oder machen Sie gemeinsam einen Ausflug in den nächstgelegenen Wald oder Park. Hier geben Sie den Kindern genügend Zeit, sich umzuschauen:

- Welche Farben gibt es in der Natur? Ist Grün immer gleich grün?
- Was sieht jetzt im Frühling anders aus als im Winter?
- Wie sieht das Gras aus? Haben die Bäume schon Blätter? Und welche Farbe haben diese?
- Gibt es schon Blumen? Welche Farben haben sie?

Kleine Künstler:innen

Gehen Sie dann gemeinsam zurück in die Kita und stellen Sie den Kindern Wasserfarben, Pinsel und festes weißes Papier zur Verfügung. Die Kinder können dann malen, welche Farben sie in der Natur entdeckt haben. Dabei müssen sie gar nicht gegenständlich werden und Bäume oder Blumen malen, sondern können einfach die Farben tupfen, streichen oder wischen. Im Anschluss hängen Sie die Bilder im Gruppenraum auf und betrachten sie gemeinsam: Welche Farben tauchen immer und immer wieder auf?

Pflanzen brauchen Licht

Experiment

Alter: ab 4 Jahren
Dauer: 30 Minuten

Material

- 2 Blumentöpfe mit Untersetzer
- Anzuchterde
- Bohnensamen
- 2 kleine Schuhkartons
- Cuttermesser

Pflanzen wachsen ganz von selbst aus der Erde heraus und nach oben. Aber warum tun sie das? Können sie auch ohne Licht wachsen? Die Kinder probieren es aus.

Wie wachsen Pflanzen ...

Füllen Sie die beiden Blumentöpfe mit Erde, drücken Sie diese etwas an und legen Sie je einen Bohnensamen darauf. Darüber kommen noch etwas Erde und Wasser. Schneiden Sie dann die Kartons so zurecht, dass sie sich mit etwa 10 cm Luft nach oben über die Blumentöpfe stülpen lassen. In einen der beiden Kartons schneiden Sie seitlich oben ein Loch von etwa 3 cm Durchmesser.

Die Kinder beobachten, was passiert. Wenn sie alle paar Tage gießen, achten sie darauf, dass möglichst kein Licht an die Pflanzen gelangt. Nach einiger Zeit wächst die eine Bohne aus dem Guckloch heraus. Die andere Bohne wird sich nicht recht entfalten oder aber den Weg nach unten zum Rand suchen, wo etwas Licht hindurchscheint.

... und warum?

Pflanzen benötigen Licht für die Photosynthese – das ist so etwas wie ihr Verdauungs- und Kreislaufsystem. Aus den Lichtstrahlen und den Nährstoffen aus der Erde bilden sie eine Art Zucker, der sie ernährt. Übrig bleibt Sauerstoff, den sie abgeben. Wir sind froh darüber, weil wir diesen durch die Luft einatmen.

Ich rieche was, das du …

Sinnesspiel

Alter: ab 4 Jahren
Dauer: 10 Minuten

„Ich sehe was, das du nicht siehst" – dieses Spiel kennen sicher die meisten Kinder. Aber haben sie auch schon einmal einen anderen Sinn als das Sehen dafür benutzt? Probieren Sie es gemeinsam aus!

Alle unsere Sinne

Versammeln Sie sich gemeinsam mit den Kindern in einem Kreis und entscheiden Sie, welcher der Sinne in dieser Spielrunde zum Einsatz kommen soll: Riechen, Hören, Schmecken oder Tasten. Geübte Kinder können bei späteren Spielrunden selbst spontan entscheiden, welche Sinne sie einsetzen.

Ich höre was, …

Das Hören ist nach dem Sehen vermutlich für alle Kinder am besten umsetzbar. Ein Kind beschreibt ein Geräusch, das es hört – die anderen dürfen raten, welches Geräusch gemeint ist. Alle müssen genau hinhören, was das Kind wohl meint. Lassen Sie die Kinder Fragen stellen, die nur mit Ja oder Nein beantwortet werden können: „Kommt es vom Garten?" oder „Machen es Menschen?"

Ich rieche was, …

Eine weitere Variante ist das Riechen. Das geht draußen im Garten, im Wald oder im Park besser als drinnen: frisches Gras, Holz oder der Duft bestimmter Blumen.

Ich schmecke was, …

Schmecken können die Kinder beispielsweise beim gemeinsamen Frühstück. Hier schmecken sie ein Gewürz, eine Zutat oder auch eine Geschmacksrichtung.

Ich spüre was, …

Das Tasten und Spüren ist wohl die schwierigste Disziplin. Denn hierbei geht es beispielsweise um Wärme oder Kälte, einen Luftzug oder das Kitzeln durch eine Fliege. Welches Kind kann das wohl erraten?

Wir experimentieren mit Sand

Naturwissen

Material

- Wanne
- Gießkanne
- Kieselsteine
- Sand
- starke Lupe
- ggf. Mikroskop

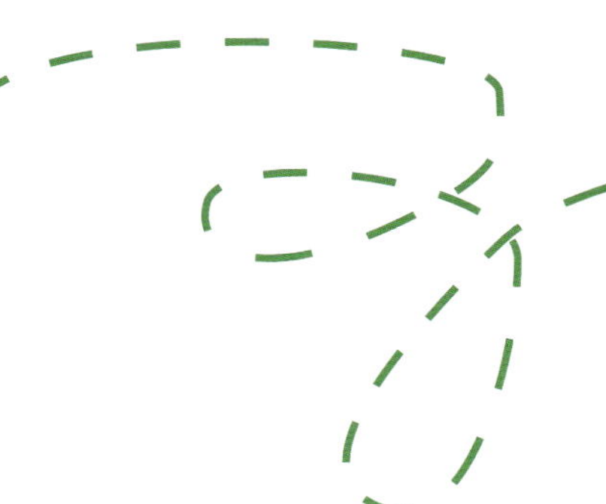

Alter: ab 5 Jahren
Dauer: 15 Minuten

Sand aus der Sandkiste ist meistens recht fein und weich. Mit etwas Wasser klebt er gut genug, um etwas daraus zu bauen. Und er kriecht gern in Kleider und Schuhe. Grober Sand ist weniger toll zum Bauen. Warum eigentlich? Und was ist überhaupt Sand?

Wie entsteht Sand?

Gehen Sie mit den Kindern in den Garten und stellen Sie die leere Wanne für alle gut sichtbar in die Kreismitte. Die Kinder sehen sich zuerst den Sand genau an. Zeigen Sie ihnen dann die Kieselsteine. Natürlicher Sand entsteht, wenn Felsen zu Steinen zerschmettert werden und in Flüssen durch das Wasser rollen. So werden sie erst zu Kieseln, dann immer kleiner und schließlich zu Sandkörnern. Probieren Sie aus, mit der Gießkanne oder einem Schlauch eine Strömung in der Wanne zu erzeugen, sodass Kieselsteine sich rollend darin bewegen.

Lasst es uns anschauen!

Untersuchen Sie dann mit Lupen oder einem Mikroskop den Sand. Die Körnchen sind ziemlich rund und oft fast durchsichtig. Sie sehen aus wie winzige Kieselsteine. Ohne Wasser halten sie daher nicht aneinander, sondern rollen einfach weg. Deshalb rieselt trockener Sand auch so schön.

Das große Schattenfangen

Spielidee

Alter: ab 3 Jahren
Dauer: 10 Minuten

Material
Straßenmalkreide

Schatten sind sehr mysteriös. Mal sind sie da, mal nicht – mal sind sie lang, mal kurz und immer verschwinden sie, wenn man sie fangen will. Das regt zum Spielen und Nachforschen an.

An einem sonnigen Frühlingstag

„Wer hat seinen Schatten dabei?" Diese Frage eignet sich gut zum Einstieg, wenn Sie mit den Kindern zusammen draußen sind. Ein bisschen Sonnenschein sollte vorhanden sein, damit die Kinder ihre Schatten auch gleich sehen können. Doch wie sehen die Schatten eigentlich aus? Sind sie groß oder klein, lang oder kurz? Gehen Sie mit den Kindern ins Gespräch.

Ich hab dich!

Können die Kinder ihren eigenen Schatten fangen? Oder den eines anderen Kindes? Dafür müssen sie umherlaufen und auf die Schatten der anderen Kinder springen – wer „gefangen" wurde, darf sich eine kurze Pause gönnen.

Schatten verändern sich

Sicher finden die Kinder noch mehr Schatten um sich herum. In welche Richtung zeigen diese? Markieren Sie einige Schatten mit Straßenmalkreide. Sehen Sie eine Stunde später nach, wo die Schatten jetzt sind und welche Form sie haben. Sicher merken die Kinder, dass die Schatten von der Sonne gelenkt werden und sich mit der Zeit verändern.

Wie entstehen eigentlich Schatten?

Ein Schatten entsteht dort, wo kein Licht hinkommt. Wenn Licht auf einen Gegenstand trifft, der lichtundurchlässig ist – wie beispielsweise der eigene Körper oder ein Baum –, ist es rundherum hell. Nur dort, wo das Licht nicht durchkommt, bleibt es dunkel. Manche Objekte lassen etwas Licht durch, wie zum Beispiel ein Blatt. Dort sind die Schatten nicht so dunkel wie bei einem Baum. Generell gilt: Je höher die Sonne am Himmel steht, desto kürzer ist der Schatten.

Wie bauen die Vögel ihr Nest?

Wahrnehmungsidee

Alter: ab 4 Jahren
Dauer: 30 Minuten

Material
Naturmaterialien

Ein Vogelnest ist meist ein richtiges Kunstwerk. Wir Menschen brauchen viel Geduld und Geschick, um eines nachzubauen. Die Kinder schauen mal genau hin.

Worin schlafen Vögel?

Sehen Sie sich, wenn möglich, gemeinsam mit den Kindern ein Vogelnest genauer an. Vielleicht gibt es im Garten ein altes Nest vom Vorjahr? Sie können auch ein selbst geschossenes Foto oder ein Bild aus dem Internet ausdrucken. Betrachten Sie gemeinsam, wie das Nest konstruiert und aufgebaut ist. Meist sind die Nester rund und haben einen dicken Rand. Innen sind sie oft weich gepolstert mit Daunenfedern. Und das alles schaffen die Vögel mit ihren Schnäbeln!

Wir bauen unser eigenes Nest!

Die Kinder versuchen nun selbst, ein Nest zu bauen, und suchen hierfür Material im Garten oder im Park. Dabei können sie allein agieren oder sich in einer Gruppe zusammentun, damit das Nest größer wird, was einfacher ist. Es gilt, dünne, biegsame Zweige, alte Gräser, Moos oder Federn zu finden. Diese Materialien legen und stecken die Kinder anschließend zusammen, bis ein Kreis mit Boden und Rand entsteht. Dann flechten sie Gräser ein und polstern das Nest weich aus.

Tipp

Ein großes Nest können Sie im Garten aufheben und als Osternest verwenden.

Wie kann die Blume stehen?

Naturwissen

Material

- Altpapier
- Klebstoff
- Schere
- Esslöffel

Alter: ab 5 Jahren
Dauer: 20 Minuten

Die Natur ist doch unglaublich spannend, oder nicht? Da stehen Blumen im Garten und fallen selbst bei Wind nicht um. Wie geht das bloß?

Standhafte Pflanzen

Die Kinder sehen sich Blumen im Garten genauer an. Sie betrachten die Stiele und überlegen, wie die Blumen es schaffen, zu stehen. Wie halten sie sich im Boden und warum knicken sie nicht einfach um? Erlauben Sie ihnen, eine Blume vorsichtig aus der Erde zu holen. Am besten graben oder stechen die Kinder mit einem Löffel seitlich ein und hebeln die Blume mit Wurzel heraus. So wird sichtbar, dass die Blume sich mit der Wurzel in der Erde festhält. Das können die Kinder mit ihren Händen auch, wenn sie sich mit allen Fingern festkrallen. Der Stängel der Blume biegt sich zwar, knickt aber nicht von allein um, obwohl er so dünn ist. Zum Schluss pflanzen die Kinder die Blume wieder ein.

Können wir das auch?

Lassen Sie die Kinder mit Altpapier, Kleber und Schere experimentieren und den Blumenstiel nachbasteln. Sie werden schnell merken: Ein ausgeschnittener Papierstreifen biegt sich und ist nicht sehr stabil. Eine zusammengeklebte Rolle bzw. ein Rohr hingegen steht!

Sommer

Unser Beet im Sommer

Gartenaktion

Alter: ab 3 Jahren
Dauer: 30 Minuten

Material

- (Garten-)Scheren
- kleine Hacken oder Haken (Sauzahn)

Im Sommer ist im Beet einiges zu tun: Bestimmt können die Kinder schon manches ernten oder auch schon nachsäen. Nutzen Sie die schönen Tage, um gemeinsam das Beet zu pflegen.

Wir ernten die Früchte

Im Juni können die Kinder in ihrem Beet sicher bereits etwas ernten. Die ersten Erbsen oder Salate sind bestimmt schon reif. Auch die Radieschen zeigen sich. Manche Pflanzen können die Kinder dann auch direkt nachsäen – sehen Sie auf den Packungen der Samen nach, welche Pflanzen sich eignen. Damit alle Pflanzen gut wachsen können, brauchen sie etwas Luft und – je nach Witterung – mehr oder weniger Wasser. Lassen Sie die Kinder vorsichtig hacken, wo es nötig sein könnte. Ideal ist, wenn sie mit einem Haken nicht zu tief durch die Erde ziehen, statt kräftig zu hacken. So stören sie die kleinen Lebewesen in der Erde nicht zu sehr. Unkraut können die Kinder herausziehen und gegebenenfalls einen Salat daraus machen oder es an Kaninchen verfüttern. Eine Mulchschicht um die Pflanzen herum verhindert das Austrocknen und das Wachstum von Unkraut. Dafür schneiden die Kinder Unkraut und Gras klein und streuen es mindestens zwei Zentimeter dick auf die Erde.

Wir experimentieren mit Steinen

Wahrnehmungsidee

Alter: ab 3 Jahren
Dauer: 20 Minuten

Material

- 1 Gefäß
- (Kiesel-)Steine in verschiedenen Größen, Formen und Farben

Steine sind langweilig? Mit dieser Idee entdecken die Kinder die Vielfalt der Texturen, Formen und Farben und erleben, erforschen und gestalten dieses doch nicht ganz so langweilige Naturmaterial.

Die Vielfalt der Steine

Unternehmen Sie mit den Kindern, wenn möglich, einen Ausflug an einen Fluss. Dort gibt es viele verschiedene Steine. Aber auch in der Kita können die Kinder Steine finden und betrachten: Welche Farben, Formen und Muster gibt es? Dafür müssen die Kinder genau hinschauen. Danach können sie die Steine in die Hand nehmen: Wie fühlen sie sich an? Spüren die Kinder die verschiedenen Oberflächen? Manche sind weicher, manche sind kantiger. Fühlen die Kinder auch die Kälte der Steine? Wenn man einen Stein eine Weile in der Hand hält, wird er warm!

Was man mit Steinen alles machen kann

Die Kinder können aber noch viel mehr mit den Steinen machen als sie nur zu betrachten und anzufassen: Lassen sich mit Steinen Geräusche erzeugen? Das geht am besten, indem man zwei Steine aneinanderschlägt. Oder wie wäre es mit einer kleinen Rätselrunde: Wie viele Steine passen in ein Gefäß? Beim Ausprobieren merken die Kinder, dass es einen Unterschied macht, welche Steine sie zuerst in das Gefäß geben. Sie können die Steine auch nach Größe, Form, Farbe und Muster sortieren. Vielleicht legen sie ein Mandala oder bauen einen Turm mit den Steinen.

Unsere eigene Sonnenuhr

Experiment

Alter: ab 5 Jahren
Dauer: 20 Minuten

Material

- Blumentopf (mind. 20 cm hoch)
- Stock
- Knete
- Straßenmalkreide

Sicher fragen sich die Kinder irgendwann, warum manche Menschen in Richtung der Sonne schauen, wenn sie wissen wollen, wie spät es ist. Der Sonnenstand bestimmt die Uhrzeit. Das probieren die Kinder aus!

Wer hat an der Uhr gedreht?

Stellen Sie den Blumentopf mit dem Boden nach oben an einen sonnigen Platz. Stecken Sie dann einen Stock durch das Loch. Damit dieser möglichst gerade stehen bleibt, füllen Sie das Loch zusätzlich mit etwas Knete. Nun sehen die Kinder nach, ob der Stock einen Schatten wirft. Schauen Sie auf die Uhr und markieren Sie mit einem Strich auf dem Topfrand oder dem Boden den aktuellen Zeitpunkt und schreiben Sie möglichst die Uhrzeit dazu. Sinnvoll ist es, die vollen Stunden zu markieren. Zeichnen Sie gegebenenfalls ein Symbol für Mittag oder die Abholzeit mit auf, damit die Kinder die Zeit auch verstehen. Am nächsten Tag schauen Sie gemeinsam nach, ob die Sonnenuhr noch die richtige Zeit anzeigt. Nach einigen Tagen verschieben sich die Schatten etwas, weil die Sonne höher oder tiefer steht.

Ein Schmetterling fliegt hin und her

Fingerspiel

Alter: ab 3 Jahren
Dauer: 10 Minuten

Schmetterlinge sind wundersame Wesen. Mit diesem Fingerspiel fliegen und flattern die Kinder mit ihnen mit.

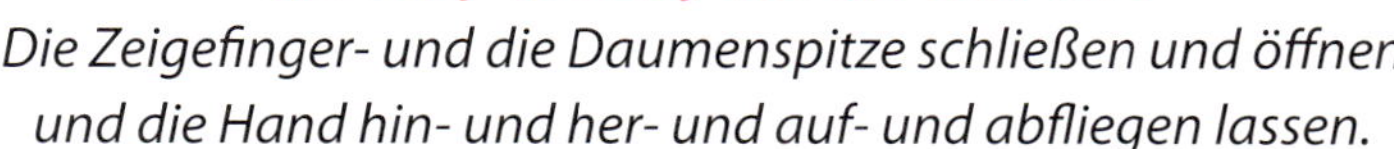

Ein Schmetterling fliegt hin und her
und auf und ab, das freut ihn sehr.
Die Zeigefinger- und die Daumenspitze schließen und öffnen und die Hand hin- und her- und auf- und abfliegen lassen.

Am nächsten Tag, da flattert er
mal auf, mal ab, mal hin und her.
Die Zeigefinger- und die Daumenspitze schließen und öffnen und die Hand hin- und her- und auf- und abfliegen lassen.

Am dritten Tag, am selben Ort,
fliegt er herum in einem fort.
Die Hand in großen Bogen herumfliegen lassen.

Du glaubst es nicht? Dann schau gut hin,
Die Hand an die Stirn halten.
dann siehst du ihn, den Schmetterling.
Die Hand öffnen und den imaginären Schmetterling wegpusten.

Kleiner Gruß aus der Natur

Kreatividee

Alter: ab 4 Jahren
Dauer: 30 Minuten

Material
- Blanko-Postkarten
- Naturmaterialien
- Stifte
- Scheren
- Klebstoff

Kinder, die im Sommer in der Kita bleiben, statt in den Urlaub zu fahren, können trotzdem Ansichtskarten verschicken. Sie gestalten sie einfach selbst aus Naturmaterialien!

Grüße aus der Kita

Sammeln Sie gemeinsam mit den Kindern einige Naturmaterialien im Garten, die eher flach sind und sich daher gut auf Papier kleben lassen. Am besten basteln Sie auch draußen, dann können die Kinder jederzeit Nachschub holen. Zuerst müssen die Karten geschrieben und adressiert werden. Dabei können die Kinder ihre Namen diktieren und schreiben. Dann dürfen sie frei gestalten: Sie kleben das gesammelte Material auf und zeichnen, wie sie wollen. Um Sand aufzukleben, tragen sie zuerst Kleber auf und streuen dann den Sand darüber. So können sie auch gut Spuren und Formen gestalten. Die Karten legen die Kinder dann ihren Eltern ins Postfach – darüber freuen sie sich bestimmt!

Schnecken und Tausendfüßler

Mitmachgedicht

Alter: ab 2 Jahren
Dauer: 10 Minuten

Was machen Schnecken und Tausendfüßler eigentlich den ganzen Tag? Mit diesem Mitmachgedicht finden die Kinder es heraus!

Zwei kleine, dicke Schnecken
kriechen durch das Gras,
vorwärts geht's und auf und ab,
Spazierengeh'n macht Spaß.

Beide Hände zu Fäusten ballen,
die Daumen nach vorn strecken,
die genannten Bewegungen nachahmen.

Zehn kleine Tausendfüßler
tanzen ihren Tanz,
hin und her und rundherum,
und wackeln mit dem Schwanz.

Mit den Fingerspitzen über die Oberschenkel tippeln,
hin und her und rundherum.

Spinnen suchen

Naturwissen

Alter: ab 3 Jahren
Dauer: 20 Minuten

Material

- (Becher-)Lupen
- Tierbestimmungsbuch

Manche Kinder und auch Erwachsene ekeln sich vor Spinnen. Damit das nicht so bleibt und weil die Tiere so besonders faszinierend sind, schauen alle mal genauer hin.

Welches Tier spinnt hier?

Früh am Morgen können die Kinder im Garten oder im Park sicher einige Spinnennetze finden – am besten sind diese bei Morgentau zu sehen. Hat ein Kind eine Spinne entdeckt, dürfen alle sie vorsichtig mit ihren Lupen betrachten. Ausnahmsweise können Sie auch einmal eine Spinne vorsichtig in eine Becherlupe setzen, weil sie dort nicht weglaufen kann. Entlassen Sie sie anschließend sofort wieder in ihr Zuhause. Die Kinder beschreiben, was sie sehen. Schauen Sie danach gemeinsam in einem Buch nach, welche Spinnen die Kinder entdeckt haben, wie diese leben, was sie alles können und welche Netze sie spinnen.

Tipp

Bereiten Sie in der Kita einen Maltisch vor, an dem die Kinder die Spinnen zeichnen und malen können. Vielleicht wollen sie auch ein Spinnennetz malen?

Fantasievolle Wolkenbilder

Entspannungsidee

Alter: ab 4 Jahren
Dauer: 20 Minuten

Material

- Stifte
- Papier

Wenn man in den Himmel schaut, merkt man schnell, dass es verschiedene Arten von Wolken gibt. Doch bei genauem Hinsehen sieht eine plötzlich aus wie ein Baum … und eine andere wie ein Boot. Was erkennen die Kinder?

Was siehst du?

Legen Sie sich mit den Kindern auf eine Wiese und betrachten Sie gemeinsam den wolkigen Sommerhimmel. Welche Formen haben die Wolken? Lassen Sie die Kinder fantasieren, wie die Wolken aussehen. Nach und nach entdecken sie immer mehr Formen, Tiere, Menschen und Dinge in den bewegten Gebilden.

Gemalte Wolken

Zurück in der Kita dürfen die Kinder ihre eigenen Wolkenbilder auf Papier mit ihrer Fantasie ausgestalten. Sie zeichnen und malen, was sie entdeckt haben, und erzählen, was sie fantasieren.

Verschiedene Wolkenarten

- Zirruswolken heißen auch Federwölkchen da sie ganz fein und dünn sind. Ein bisschen sehen sie aus wie zerzauste Federn. Sie lassen viel Sonnenlicht durch und kündigen manchmal warmes Wetter mit Regen an.
- Kumuluswolken sind dick und puschelig und erinnern an zusammengequetschte Baumwolle. Wenn sie zu großen Wolkentürmen aufgestaut werden, können sie Regen bringen – als kleine Schäfchenwolken bringen sie hingegen schönes Wetter.
- Stratuswolken sehen aus wie eine einzige riesengroße Wolke. Oft wirken sie grau und kündigen Regen an.

Wie viele Punkte hast du?

Mathekenntnisse

Alter: ab 4 Jahren
Dauer: 30 Minuten

Marienkäfer sehen sehr süß aus, weil sie so rund und hübsch gemustert sind. Manche haben wenige Punkte, andere haben ganz viele. Die Kinder zählen die Punkte.

Marienkäfer, wo bist du?

Im besten Falle gehen Sie gemeinsam mit den Kindern nach draußen auf Marienkäfersuche. Die Kinder müssen schon recht viel Geduld aufbringen, denn an manchen Tagen sieht man nur wenige Marienkäfer. Lassen Sie sich also Zeit! Alternativ können Sie aber auch verschiedene Bilder von Marienkäfern ausdrucken, laminieren und verwenden.

Zeig mir deine Punkte

Es gibt viele Arten von Marienkäfern und nicht alle sind so schön hellrot, wie wir sie als typisch kennen. Manche haben wenige Punkte, andere ganz viele. Die Kinder zählen die Punkte. Welcher Käfer hat die meisten? Sind die Punkte immer gleichmäßig auf die Flügel verteilt? Wie viele Beine und Fühler hat ein Marienkäfer eigentlich? Und zuletzt: Wie viele Marienkäfer haben die Kinder entdeckt?

Wasserrad am Bach

Bauanleitung

Alter: ab 5 Jahren
Dauer: 45 Minuten

Material
- Bindfaden
- Schere
- Taschenmesser

Bei einem sommerlichen Ausflug an den Bach können die Kinder schnell und einfach ein eigenes kleines Wasserrad bauen.

Lasst uns gemeinsam bauen!

Bei einem Ausflug an einen Bach lohnt es sich, ein Wasserrad zu bauen. Dafür wählen die Kinder zuerst eine geeignete Stelle. Sie sollte gut zugänglich und der Wasserstand nicht zu tief sein. Nun suchen die Kinder Naturmaterialien, die sich eignen, z. B. kleine Stöcke, Rindenstücke oder auch Zapfen. Ein Wasserrad benötigt eine Achse, die durch die Flügel bzw. Schaufeln angetrieben wird. Als Achse können die Kinder einen geraden Ast verwenden. Diesen legen sie auf zwei Astgabeln, die sie im Wasser in den Grund stecken. Um die Schaufeln zu befestigen, müssen die Kinder kreativ werden. Besonders einfach geht es mit einem dicken Schilfstück als Achse. Hier können Sie ein paar Schlitze einschneiden. Die Kinder ziehen die Schaufeln durch die Schlitze, sodass sie mittig gehalten werden. Läuft das Wasserrad?

Welche Schiffe schwimmen?

Experiment

Alter: ab 4 Jahren
Dauer: 30 Minuten

Material

- Rinde
- Stöcke
- Zapfen
- Schilfhalme
- Schere
- Bindfaden
- Taschenmesser
- Kastanienbohrer

Dass Schiffe schwimmen, ist allen klar. Doch wie sind sie aufgebaut, damit sie nicht untergehen? Bei dieser Idee probieren es die Kinder mit Naturmaterialien selbst aus!

Segel, ahoi!

Bei einem Ausflug an einen Bach oder See, aber auch in der Kita, mithilfe einer Wanne oder eines Planschbeckens, probieren die Kinder aus, welche Naturmaterialien gut schwimmen. Sie bauen kleine Schiffe. Dafür nehmen Sie z. B. ein festes Stück Rinde, bohren ein Loch hinein und stecken einen Zweig hindurch. Der Zweig ist der Mast. Als Segel eignen sich Blätter, die einfach aufgesteckt werden. Auch aus mehreren Ästen oder Schilfhalmen können die Kinder Schiffe basteln. Sie müssen die Äste aneinander befestigen. Das geht gut mit Bindfaden. Lassen Sie die Kinder viele verschiedene Materialien testen und einsetzen. So erleben sie, was gut schwimmt und was direkt untergeht.

Tipp

Als Einstieg eignet sich ein kleiner Test: Welche Naturmaterialien schwimmen, welche gehen direkt unter? Schwimmt ein Blatt? Ein kleiner Ast? Ein Stein?

Essbare-Wildpflanzen

Wahrnehmungsidee

Alter: ab 5 Jahren
Dauer: 1 Stunde

Material

- Pflanzenbestimmungsbuch
- Körbchen
- (Garten-)Schere

Unkraut gibt es eigentlich nicht, denn jede Pflanze hat ihre Berechtigung. Manche Pflanzen sind zwar für uns nicht essbar, bieten aber Nahrung für Insekten. Viele Wildpflanzen können wir jedoch essen und sie schmecken sogar richtig gut. Machen Sie sich gemeinsam mit den Kindern auf die Suche!

Was die Natur uns schenkt

Gehen Sie mit den Kindern und einem Körbchen in den Park, in den Garten oder in den Wald. Nehmen Sie zudem ein Bestimmungsbuch über Wildpflanzen mit oder nutzen Sie eine App, um sicherzugehen, dass die Kinder nur essbare Pflanzen einsammeln. Machen Sie sich dann auf die Suche nach essbaren Pflanzen und packen Sie diese in das Körbchen. Zurück in der Kita können Sie diese dann gemeinsam mit den Kindern verköstigen. Essbare Pflanzen sind beispielweise:

- Brennnesseln
- Giersch
- Gänseblümchen
- Löwenzahn (relativ bitter)
- Sauerampfer (nur wenig)
- Weißkleeblüten
- Taubnesseln (Blüten)

Tipp

Ernten und essen Sie nur Pflanzen, die Sie sicher bestimmen können! Nehmen Sie nie mehr mit als etwa ein Drittel der Pflanzen, damit diese gut nachwachsen können.

Die Wiese an der Wand

Kreatividee

Alter: ab 4 Jahren
Dauer: 30 Minuten

Material

- großes festes Papier
- Klebstoff
- frische und getrocknete Wiesenpflanzen
- getrocknete Erde
- Stifte

Wie herrlich es duftet, wenn die Sommerwiese blüht. Und wie schön sie anzusehen ist! Holen Sie sich mit dieser Kreatividee die Sommerwiese ganz einfach in Ihre Kita!

Auf unserer Sommerwiese

Laden Sie vier Kinder ein, gemeinsam ein Wiesenbild zu gestalten. Die Kinder suchen sich von den Wiesenpflanzen aus, was ihnen gefällt, und kleben es auf das Papier. Dabei sollen sie aufeinander achten und sich absprechen, damit jedes Kind Raum für seine Arbeit hat. Neben Blüten und Gräsern oder Blättern eignet sich auch trockene Erde. Wer mag, kann Pflanzen oder Tiere zeichnen: Insekten dürfen an den Blüten schnuppern und Nektar sammeln und Regenwürmer kriechen über den Boden. Ist noch Platz auf dem Bild, dürfen nun andere Kinder weitermachen. Betrachten Sie gemeinsam die entstandene Wiese und bieten Sie an, diese jederzeit zu ergänzen. Denn im Sommer füllt sich die Wiese schließlich auch nach und nach mit Blüten und Insekten.

Tipp
Statt des Papiers können Sie auch eine alte Tapete verwenden.

Ein Mini-Teich für den Garten

Bauanleitung

Material
- kleine Wanne
- Sand
- Spaten
- Schaufeln
- Steine
- Teichpflanzen

Alter: ab 5 Jahren
Dauer: 2 Stunden

Ein Teich im Garten ist der Lebensraum vieler Tiere. Mit dieser Idee bauen die Kinder ihr eigenes kleines Mini-Biotop und beobachten, welche Tiere sich am Teich erfreuen.

Unser eigenes Mini-Biotop

Für einen eigenen kleinen Teich müssen die Kinder mit Ihrer Hilfe zuerst ein Loch im Garten ausheben, in das die Wanne passt. Legen Sie die Wanne kopfüber auf die ausgewählte Stelle und markieren Sie die Umrisse mit etwas Sand. Stechen Sie dann rundherum mit dem Spaten ein und heben Sie die Erde heraus. Die Kinder helfen mit Schaufeln oder Kinderspaten mit. Setzen Sie die Wanne in das Loch ein und legen Sie Steine hinein, sodass mindestens einer später als Landeplatz für Insekten über die Wasseroberfläche hinausragt. Um die Wanne herum füllen die Kinder Erde und Sand auf und legen Steine hin. Wenn möglich, pflanzen Sie dort und in die Wanne einige geeignete Pflanzen. Jetzt fehlt nur noch Regenwasser für den Teich. Und die Kinder dürfen jeden Tag nachsehen, ob sich schon Tiere angesiedelt haben.

Unser Unterwasser-Sichtkasten

Experiment

Alter: ab 5 Jahren
Dauer: 45 Minuten

Um ins Wasser sehen zu können, braucht man eine Taucherbrille oder aber ein Sichtgerät. Mit einem selbst gebauten Sichtkasten können die Kinder ihr eigenes kleines Unterwasserabenteuer starten!

Material

- große Joghurtbecher (oder Getränkekartons)
- stabile Folie
- Permanentmarker
- starkes Klebeband (oder Heißkleber)
- Scheren
- Cuttermesser

Wir tauchen ab!

Sammeln Sie alte, große Joghurtbecher und spülen Sie diese gut aus. Markieren Sie dann am Boden der Becher mit einem Permanentmarker einen Kreis oder ein Rechteck für das spätere Sichtfenster und schneiden Sie mit dem Cuttermesser etwas vor, sodass die Kinder dann selbst versuchen können, das markierte Feld auszuschneiden. Danach schneiden Sie für jeden Becher ein Stück stabiler Folie zurecht, das etwas größer ist als der Ausschnitt im Becher. Kleben Sie die Folie jeweils von außen mit Heißkleber oder Klebeband über das Loch. Bei einem Getränkekarton müssen die Kinder ausprobieren, welche Seite sich gut für das Sichtfenster eignet, und die gegenüberliegende Seite wegschneiden, sodass dort der Kopf aufliegen kann. Zum Schluss geht es an ein flaches Gewässer und die Kinder dürfen sich hineinstellen, um mit ihren Sichtkästen unter Wasser zu sehen. Was entdecken sie Spannendes?

Kunstwerke mit Blütendruck

Kreatividee

Alter: ab 4 Jahren
Dauer: 20 Minuten

Material

- frische Blüten
- weißes Papier
- Holzbrett
- Hammer
- Stifte

Im Sommer finden sich viele bunte Blumen, egal ob rot, orange, gelb oder lila. Mit dem Blütendruck bringen die Kinder diese Farbenvielfalt in die Kita!

In der Blütenpresswerkstatt

Die Kinder sammeln im Garten oder im Park bunte Blüten, die möglichst frisch sind. Alternativ können sie die Blüten auch von zu Hause mitbringen und in einer Brotdose transportieren, damit sie nicht kaputtgehen. Dann nimmt jedes Kind ein Blatt Papier und faltet es einmal in der Mitte (wie eine Klappkarte). Anschließend platziert es das Papier auf einer stabilen Unterlage, wie beispielsweise einem Holzbrett. Auf die eine Innenseite des Papiers legt das Kind nun mehrere Blüten. Die Blätter sollen schön ausgebreitet sein. Nun wird die zweite Seite auf die Blüten geklappt und das Kind darf mit einem Hammer sanft auf das Papier klopfen, bis sich alle Blüten deutlich auf der Vorderseite durchdrücken. Wird das Papier wieder aufgeklappt, lassen sich die Blüten abzupfen und entfernen. Wer möchte, darf sein Bild noch ergänzen und Stiele oder Insekten hinzumalen.

Tipp

Die Blütenpapiere eignen sich wunderbar als Geschenkkarten oder Bilder.

Herbst

Unser Beet im Herbst

Gartenaktion

Alter: ab 3 Jahren
Dauer: 1 Stunde

Auch im Herbst ist im Beet wieder einiges zu tun: ernten, säen, pflegen und winterfest machen. Alle packen gemeinsam an!

Material

- kleine Hacken
- Schaufeln
- (Garten-)Scheren
- Mulch

Der Herbst ist da!

Im frühen Herbst dürfen die Kinder richtig viel ernten. Sehen Sie gemeinsam nach, was reif ist und was noch eine Weile draußen bleiben muss. Die letzten grünen Tomaten können die Kinder abschneiden und im Haus nachreifen lassen. Außerdem dürfen sie jetzt einige Kräuter und andere Pflanzen zurückschneiden. Bohnenstangen und andere Stützen werden abgeräumt oder für ein Herbstfeuer gesammelt.

Wo die Erde fest ist, können die Kinder sie mit einer kleinen Hacke oder einem Haken lockern, sodass wieder Luft und Regenwasser eindringen können. Zuletzt dürfen die Kinder auch noch etwas säen. Spinat und Feldsalat für den späten Herbst und Winter wollen spätestens jetzt nach draußen. Kurz vor dem ersten Frost benötigen einige Pflanzen Schutz. Ideal ist eine dicke Schicht Mulch aus gemischtem Laub und Nadeln.

Kürbiskernkette

Kreatividee

Material

- Kürbiskerne
- große spitze Sticknadeln (großes Öhr)
- elastischer Faden
- Farben
- Pinsel

Alter: ab 4 Jahren
Dauer: 30 Minuten

Aus Kürbiskernen lassen sich schnell und einfach bunter Schmuck oder auch Deko zaubern.

Nicht nur zum Essen

Sammeln Sie, wenn es im Herbst öfter mal Kürbis zu essen gibt, die Kerne. Auch die Eltern können Sie bitten, mitzuhelfen. Waschen Sie die Kerne gut ab und trocknen Sie sie gut, zum Beispiel über der Hezung. Dann können die Kinder die Kerne nach ihren Vorstellungen mit Mustern oder einfarbig bemalen. Nach dem Trocknen (jeweils eine Seite bemalen und trocknen lassen) stechen die Kinder vorsichtig mit einer großen Nadel ein Loch in jeden Kern. So können sie die Kerne nacheinander auf einen Faden fädeln. Für eine Halskette oder ein Armband benutzen Sie eine elastische Schnur. Für eine Girlande und andere Deko eignet sich auch einfaches Nähgarn.

Mein Natur-Ich

Spielidee

Alter: ab 3 Jahren
Dauer: 30 Minuten

Material
Naturmaterialien

Wie man selbst aussieht, wissen die meisten Kinder dank Spiegeln bereits. Doch wie sehen die Natur-Varianten der Kinder aus? Erfahren Sie es mit dieser Spielidee!

Meine Umrisse

Gehen Sie zusammen in den Garten oder in einen Park. Die Kinder bilden Paare, die sich gegenseitig helfen. Zuerst suchen sie möglichst viele Naturmaterialien, wie Kastanien, bunte Blätter und Zapfen. Dann legt sich ein Kind in die Wiese. Das andere markiert dessen Umrisse, indem es beispielsweise Zweige rundherum legt. Dann tauschen die beiden. Anschließend darf jedes Kind seine Umrisse mit Material auslegen und gestalten. Dabei entstehen schöne Muster, bunt durcheinander gemischte oder auch fein säuberlich sortierte Bilder. Ältere Kinder können sich überlegen, welche Naturmaterialien sie besonders mögen, oder ihre Figur menschlich gestalten. Dann „kleiden" sie ihr Natur-Ich an und nutzen Kastanien als Augen, einen Zweig als Mund usw.

Selbst gebasteltes Windrad

Kreatividee

Alter: ab 4 Jahren
Dauer: 15 Minuten

Material

- quadratisches Papier (oder Geschenkpapierreste)
- Schere
- Korken
- Pinnnadeln
- Stab

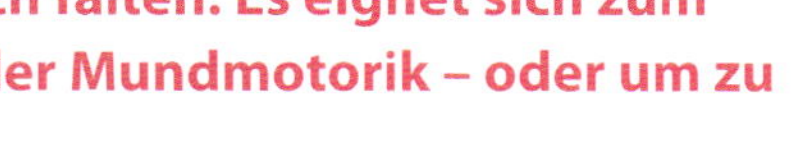

Ein kleines Windrad lässt sich einfach falten. Es eignet sich zum Anpusten und somit zum Training der Mundmotorik – oder um zu zeigen, ob draußen Wind bläst.

Der Wind, der bläst

Falten Sie das quadratische Papier zweimal diagonal und klappen Sie es jeweils wieder auf. Danach schneiden Sie die Faltlinien etwa zwei Drittel weit zur Mitte ein. Biegen Sie dann jeweils eine Ecke zur Mitte hin (an den geschnittenen Kanten entlang), ohne sie zu falten. Befestigen Sie das Windrad mit einer Pinnnadel an einem Korken und greifen Sie dabei die Spitzen in der Mitte mit auf. Zum Schluss können Sie das Windrad noch an einem kleinen Stab oder Ast befestigen – und schon ist es fertig zum Pusten!

Natürliche Legebilder

Kreatividee

Alter: ab 3 Jahren
Dauer: 30 Minuten

Material
- Naturmaterialien
- Stöcke
- Fotoapparat

Kunst, die an Wänden hängt, kennen die Kinder bereits. Doch wie wäre es mit Kunst, die auf dem Boden liegt – und noch viel besser, sogar dort entsteht?

Bilder auf dem Boden

Gehen Sie in einen Park oder an einen Waldrand, wo es viele verschiedene Naturmaterialien zum Aufsammeln gibt. Legen Sie (oder die Kinder) Rahmen aus Stöcken auf den Boden. Das können Kreise, Quadrate oder andere Formen sein. Spannend ist beispielsweise ein Quadrat, das nochmals in vier weitere Quadrate unterteilt ist. Die Kinder sammeln Materialien und legen sie in die Felder. Sie überlegen, welches Material sie verwenden wollen. Sie können es mischen oder z. B. nur Blätter nehmen. Ältere Kinder probieren gern aus, Farbverläufe und schöne Muster aus buntem Laub zu legen. Jüngere Kinder haben vielleicht Spaß daran, aus Kastanien und Zapfen kreisförmige Mandalas zu legen. Fotografieren Sie die gelegten Bilder für die Portfolios oder eine Bildergalerie. Sprechen Sie anschließend mit den Kindern über ihre Werke: Wer hat welches Kunstwerk gelegt und welche Naturmaterialien dafür verwendet?

Großer Kastanienturm

Balancierspiel

Alter: ab 4 Jahren
Dauer: 15 Minuten

Material
Kastanien

Kastanien sehen schön aus, fühlen sich gut an und sind meist ziemlich rund. Wenn man genauer hinsieht, merkt man, dass sie eine etwas abgeflachte Stelle besitzen, die sich gut zum Stapeln eignet.

Wir bauen uns die Welt

Gehen Sie mit den Kindern in den Wald oder in den Park und sammeln Sie gemeinsam Kastanien. Suchen Sie sich eine flache Stelle, an der die Kinder probieren können, die Kastanien aufeinanderzustapeln. Mit etwas Übung gelingt es. Wer baut den höchsten Turm?

Lustig ist auch ein Wettspiel, bei dem ein Kind nach dem anderen eine Kastanie auflegt, bis der Turm einstürzt. Etwas einfacher und ebenso spannend ist das Legen einer Mauer oder eines Hauses. Sicher fallen den Kindern noch weitere Formen ein, die sie legen und aufbauen können.

Blätter im Licht

Kreatividee

Alter: ab 3 Jahren
Dauer: 15 Minuten

Material

- bunte Blätter
- Zeitung
- dickflüssiger Kleister

Der Herbst bringt uns wunderschöne bunte Blätter. Es lohnt sich, sie einmal genauer anzusehen.

Feine Adern und Muster

Lassen Sie die Kinder viele Blätter sammeln und trocknen Sie diese zwischen Zeitung und einem Gewicht. So sind sie recht lang haltbar. Nun dürfen die Kinder die Blätter ans Fenster oder gegen eine Lampe halten. Was gibt es zu sehen? Jedes Blatt sieht etwas anders aus. Und die Farben leuchten im Licht. Dann kleben die Kinder viele bunte Blätter mit etwas Kleister an eine Fensterscheibe. So können sie die Farben und Muster immer wieder ansehen, je nachdem, wie viel Licht hinter der Scheibe ist. Auch von draußen sehen die Blätter abends toll aus, wenn innen Licht brennt.

Bäume pflanzen

Naturwissen

Material

- Blumentöpfe oder -kästen
- Stöckchen
- Permanentmarker
- Baumfrüchte (Kastanien, Eicheln, Nüsse)
- Erde
- kleine Gießkanne

Alter: ab 4 Jahren
Dauer: 20 Minuten

Es ist gar nicht so einfach, Pflanzenkreisläufe in der Theorie zu verstehen. Doch mit dieser Praxis-Idee geht den Kindern schnell ein Licht auf!

Wie wachsen Bäume?

Im Herbst finden die Kinder bei Spaziergängen viele verschiedene Früchte von Bäumen. Um zu verstehen, warum Bäume Kastanien, Nüsse und Eicheln entwickeln und fallen lassen, müssen die Kinder im Frühling draußen noch einmal auf Forschungstour gehen. Alternativ setzen Sie solche Früchte in die Erde. Verwenden Sie dafür Erde, die wenig Nährstoffe hat. Die Kinder können sie z. B. von Maulwurfshügeln im Garten absammeln. In jeden Topf kommt nur eine Frucht auf die fest angedrückte Erde. Darüber geben die Kinder noch etwas weitere Erde und gießen kräftig an. Ab sofort soll die Erde möglichst nicht austrocknen. Beschriften Sie jeden Topf. Praktisch sind dafür kleine Stöckchen. Welche Frucht wächst? Was brauchen die Früchte zum Wachsen?

Tipp

Je wärmer und heller die Töpfe stehen, desto schneller können die Kinder Keimlinge entdecken!

Bunte Blättergirlanden

Kreatividee

Alter: ab 5 Jahren
Dauer: 30 Minuten

Material

- buntes Laub
- dünnes Baumwollgarn
- Scheren
- große Nadeln
- Holzperlen

Die bunten Herbstblätter der Bäume sehen im Garten und im Haus schön aus. Daher sammeln die Kinder möglichst viele verschiedene Blätter und reinigen diese gründlich. Frische Blätter eignen sich am besten für die Außendekoration.

Wir fädeln und fädeln

Die Kinder suchen sich Blätter aus, die ihnen gefallen. Sie schneiden sich eine lange Schnur von z. B. 1 m Länge ab. An ein Ende der Schnur binden sie eine Schlaufe. Hier wird später die Girlande aufgehängt. Das andere Ende fädeln sie durch die Nadel. Nun können sie nach Belieben Blätter auffädeln. Soll die Girlande senkrecht nach unten hängen, stechen die Kinder die Nadel am besten im oberen Bereich des Blattes ein und etwas weiter unten wieder aus. An das Ende der Girlande können Holzperlen oder Naturmaterialien, wie Kastanien und Eicheln, geknotet werden. Dann wehen die Blätter zwar nicht mehr so leicht im Wind, es sieht aber sehr schön aus. Hängt die Girlande später horizontal, dann reicht es, den Faden nur durch ein Loch zu ziehen. Hier können die Kinder auch zwischen den Blättern Naturmaterialien befestigen.

Lebensraum für Tiere im Garten

Bauanleitung

Material
Naturmaterialien

Alter: ab 4 Jahren
Dauer: 1 Stunde

Es ist schön, dass immer mehr Kitas Nahrung für Tiere bereitstellen. So gibt es oft Vogelhäuschen und Blumenwiesen. Damit Insekten, aber auch größere Tiere im Winter einen Unterschlupf finden, kann man einen kleinen Gartenabschnitt umfunktionieren.

Wer wird hier leben?

Die Kinder trennen im Garten einen kleinen Bereich ab, in dem nicht gespielt wird, sodass die Tiere ihre Ruhe haben. Gemeinsam überlegen sie, was die Tiere brauchen, und sammeln dann Reisig, Laub, Grasnaben und vieles mehr. All das wird in den geschützten Bereich gelegt, der relativ schattig sein sollte und in den auch von außen niemand eindringen kann. Igel suchen gern solche Unterschlupfe. Dafür bedanken sie sich später, indem sie die Schnecken aus dem Gemüsebeet wegsammeln. Manche Hummeln mögen lieber Mauerritzen als Erde. Daher können die Kinder auf einer Seite des geschützten Bereichs auch einige größere Steine stapeln. Wer wird sich hier wohl einnisten?

Schnitzeljagd

Spielidee

Alter: ab 3 Jahren
Dauer: 2 Stunden

Material

- Naturmaterialien
- Sitzunterlagen
- Brotzeit

Ausflüge in die Natur können richtig spannend sein, wenn die Kinder Aufgaben haben und gefordert sind, aufmerksam zu sein. Wie wäre es also mit einer Schnitzeljagd beim nächsten Ausflug?

Wir gehen auf die Pirsch!

Für eine Schnitzeljagd teilen Sie die Gruppe in zwei Kleingruppen. Organisieren Sie für jede Gruppe mindestens eine Hilfsperson, wie z. B. Eltern, zur Unterstützung. Die erste Gruppe geht etwa eine halbe Stunde vor der zweiten Gruppe los. Auf ihrem Weg suchen die Kinder der ersten Gruppe nach Naturmaterialien und legen diese als Spuren aus. Dafür müssen sie gut überlegen, ob die Spuren auch sichtbar genug sind. Ein paar Kastanien am Wegrand fallen vermutlich zu wenig auf. Nach einer halben Stunde sollten die Kinder in etwa am Ziel sein, wo sie gemütlich Brotzeit machen können. Dann geht die zweite Gruppe los. Sie orientiert sich an den Spuren aus Naturmaterialien und sucht die erste Gruppe. Sicher möchten alle noch ein wenig zusammen spielen, bevor es schließlich gemeinsam zurück zur Kita geht. Lassen Sie die Kinder selbst den Weg zurück finden!

Guten Morgen, liebe Igelfamilie!

Fingerspiel

Alter: ab 3 Jahren
Dauer: 10 Minuten

Im Herbstlaub ist viel los! Wuselt hier die kleine Igelfamilie herum? In diesem Fingerspiel machen die Kinder fantasievolle Bekanntschaft mit Familie Igel.

Am Morgen, wenn die Sonne lacht,
Mit den Händen einen großen Kreis zeigen.
ist der Igel aufgewacht.
Den Zeigefinger ausstrecken.

Tanzt vergnügt im Morgentau
Die rechte Hand hin- und herbewegen.
mit Irmgard, seiner Igelfrau.
Die Finger beider Hände miteinander verschränken und hin- und herwiegen.

Und der Kleine, ach, wie nett,
Den kleinen Finger ausstrecken.
schnarcht noch laut im Igelbett.
Mit den Händen eine Schale bilden und auf- und abwiegen.

Tipp

Sie können auch Bildkarten von Igeln verwenden und die Kinder in ein Gespräch einbinden: Wo leben Igel? Wie sehen sie aus? Was machen sie das ganze Jahr über?

Natürliche Kastanienseife

Experiment

Alter: ab 5 Jahren
Dauer: 30 Minuten

Material

- Kastanien
- scharfes Messer
- Hammer
- feste Unterlage
- Schüssel
- Kanne
- Wasserkocher

Kastanien enthalten Saponine, das ist eine Art natürliche Seife. Man kann sie sogar als Waschmittel verwenden. Wie, das finden die Kinder selbst heraus!

Kastanien als Seife?

Die Kinder probieren zuerst aus, eine Kastanie wie eine feste Seife zu verwenden. Passiert etwas? Dann legen sie eine Kastanie in eine Schüssel mit Wasser. Sehen sie etwas? Eine Kastanie lassen sie über Nacht in der Schüssel, um am nächsten Tag danach zu sehen. Was ist passiert?

Unser eigenes Waschmittel

Helfen Sie dabei, einige Kastanien zu zerteilen. Mit dem Messer arbeiten Sie lieber selbst, da es sehr schwer geht und Verletzungsgefahr besteht. Die Kinder können Hammer benutzen. Jetzt probieren sie noch einmal aus, mit Kastanienstücken unter Wasser die Hände zu waschen. Mit etwas Reiben wird es tatsächlich weicher und etwas seifig. Im Wasserbad ist jetzt auch sofort eine milchige Veränderung zu sehen. Geben Sie eine kleine Handvoll Kastanienstücke in eine Kanne und gießen Sie heißes Wasser darauf. Damit können die Kinder z. B. Spielsachen oder Puppenkleider waschen.

Luftiges Blätterpusten

Mundmotorikspiel

Material
getrocknete Blätter

Alter: ab 2 Jahren
Dauer: 10 Minuten

Wie lustig die Blätter doch von den Bäumen segeln! Mit dieser Mundmotorikübung können die Kinder die Blätter selbst zum Schweben bringen – gar nicht so leicht!

Kleine Windmaschinen

Jedes Kind nimmt sich ein Blatt, pustet es vorsichtig an und beobachtet, was genau passiert. Hebt das Blatt ab, fliegt es oder wird es gar zu Boden gedrückt? Danach versuchen die Kinder, ihre Blätter nach oben in die Luft zu pusten. Einfacher ist es, das Blatt über den Boden oder den Tisch zu pusten. Daraus entstehen Spiele: Zwei Kinder versuchen, ihr Blatt quer über den Tisch dem anderen Kind zuzupusten. Gelingt es, ein Blatt von einem Kind zum anderen durch die Luft zu pusten? Oder sogar mehrere Blätter auf dem Boden im Kreis herumzupusten?

Unsere eigene Vogelfutterstation

Bauanleitung

Alter: ab 4 Jahren
Dauer: 1 Stunde

Wenn es kalt wird, sorgen sich die Menschen um die Vögel und stellen eine Futterstation auf. Mit dieser Idee bauen die Kinder ihre ganz eigene, individuelle Vogelfutterstation.

Material

- Blumentopf (etwa 14 cm Durchmesser)
- dicker Bindfaden (mind. 1 m)
- Stöcke
- Meisenknödel

Futter für die Vögel

Für ein einfaches Vogelhäuschen nutzen die Kinder einen Blumentopf. Zuerst knoten sie den Bindfaden an den Meisenknödel. Sie messen ab, wie lang der Faden sein muss, damit der Knödel etwas aus dem Topf herausschaut. An der Markierung knoten sie einen kurzen Ast an (etwas größer als das Loch). Das Schnurende fädeln sie durch das Loch nach oben durch. Ein zweites Stück Bindfaden fädeln sie nun wieder durch das Loch. An das untere Ende (Topfrand) knoten sie einen längeren Stock. Dieser dient als Landeplatz und muss fest am Rand sitzen. Nun machen sie oberhalb vom Loch einen Doppelknoten mit beiden Schnüren. Hängen Sie den Topf an einen Baum, hoch genug, dass Katzen nicht direkt hinkommen. Wenn es kalt wird, können die Kinder dann vom Fenster aus Vögel beobachten.

Tipp

Die Netze von Meisenknödeln sind aus Kunststoff und daher umweltschädlich. Vögel können sich darin verfangen. Kaufen Sie Futter ohne Netz oder stellen Sie es selbst her. Statt am Netz können die Vögel sich am Stock und an der Schnur festhalten.

Rinde und Form

Wahrnehmungsidee

Material
- Papier
- Wachskreiden
- Baumbestimmungsbuch

Alter: ab 5 Jahren
Dauer: 30 Minuten

Solange die Blätter noch auf den Bäumen sind oder um sie herumliegen, ist es auch für Kinder gut möglich, sie zu bestimmen. Denn die Blätter zeigen eindeutige Merkmale. Doch wie lässt sich ein Baum bestimmen, wenn er keine Blätter mehr trägt?

Welcher Baum bist du?

Die Kinder sehen sich Bäume genauer an. Wie sind die Formen? Es gibt Bäume, die gerade nach oben wachsen, während andere eine fast kugelförmige Krone bilden. In einem Bestimmungsbuch können die Kinder nachsehen, wie die einzelnen Bäume heißen. Die Rinde der Bäume ist ebenso individuell, wenn auch manchmal sehr ähnlich. Die Kinder berühren sie und sehen genau hin. Dann nehmen sie ein Stück Papier und legen es auf die Rinde. Mit einer flach aufgelegten Kreide ohne Hülse können sie die Maserung auf das Papier übertragen, indem sie sie durchreiben (Frottage). Daneben zeichnen sie die Form des Baumes und ein Blatt. Wenn sie noch ein Blatt finden, können sie es auch trocknen, pressen und aufkleben. Schreiben Sie den Namen des Baumes dazu. Indem Sie die Bilder aufhängen, entsteht ein Wandlexikon.

Winter

Unser Beet im Winter

Gartenaktion

Alter: ab 3 Jahren
Dauer: 30 Minuten

Im Winter gibt es im Garten und im Beet kaum etwas zu tun. Dennoch benötigt das Beet etwas Pflege und auch die frühlingshafte Jahreszeit steht schon in den Startlöchern.

Langsam fröstelt es

Wenn gerade kein Schnee liegt, können die Kinder nachsehen, ob im Beet noch etwas wächst. Feldsalat kann man beispielsweise auch im Winter ernten. Solange es noch nicht gefroren hat, sind auch Mangold oder Schnittlauch und manche Salatsorten noch essbar. Vielleicht gibt es auch eine vergessene Zwiebel oder Karotte im Beet. Empfindliche Pflanzen brauchen Schutz vor Frost. Schauen Sie gemeinsam nach, ob der Mulchmantel vom Herbst noch besteht und die mediterranen Kräuter nicht frieren. Als Winterarbeiten für das Beet eignen sich die Reinigung von Pflanzgefäßen und Werkzeugen sowie das Sortieren der Samen.

Schneeflocken-fangen

Experiment

Alter: ab 4 Jahren
Dauer: 20 Minuten

Material

- Teller
- schwarzes Tonpapier
- schwarzer Stoff
- Lupen

Wenn es draußen schneit, bietet sich die perfekte Möglichkeit, Schneeflocken einmal genauer anzusehen. Experimentieren Sie gemeinsam mit den Kindern, um herauszufinden, wie man Schneeflocken am besten beobachten kann.

Kleine Schneeflocke, lande!

Dieses Experiment können Sie nur durchführen, wenn es gerade schneit. Nehmen Sie einen Teller und gehen Sie gemeinsam mit den Kindern nach draußen. Lassen Sie einige Flocken auf dem Teller landen. Die Kinder beobachten, was passiert. Sobald Sie wieder im Raum sind, können sie vermutlich schon keine Schneeflocken mehr sehen, weil sie geschmolzen sind. Legen Sie nun ein schwarzes Tonpapier auf den Teller und wiederholen Sie den Vorgang. Was sehen die Kinder jetzt? Wiederholen Sie dasselbe mit einem schwarzen Stoff. Bleiben die Schneeflocken hier länger liegen? Natürlich können Sie das Experiment auch vollständig im Freien durchführen, dann halten sich die Schneeflocken umso länger. Auch wenn Teller, Papier und Stoff bereits kühl sind, schmelzen die Flocken nicht so schnell. Lassen Sie die Kinder mit einer Lupe beobachten, wie sich die Schneeflocken verändern. Eine stark vergrößernde Lupe eignet sich, um die Strukturen der Flocken genauer zu betrachten. Kann jemand aufzeichnen, wie eine Schneeflocke aussieht?

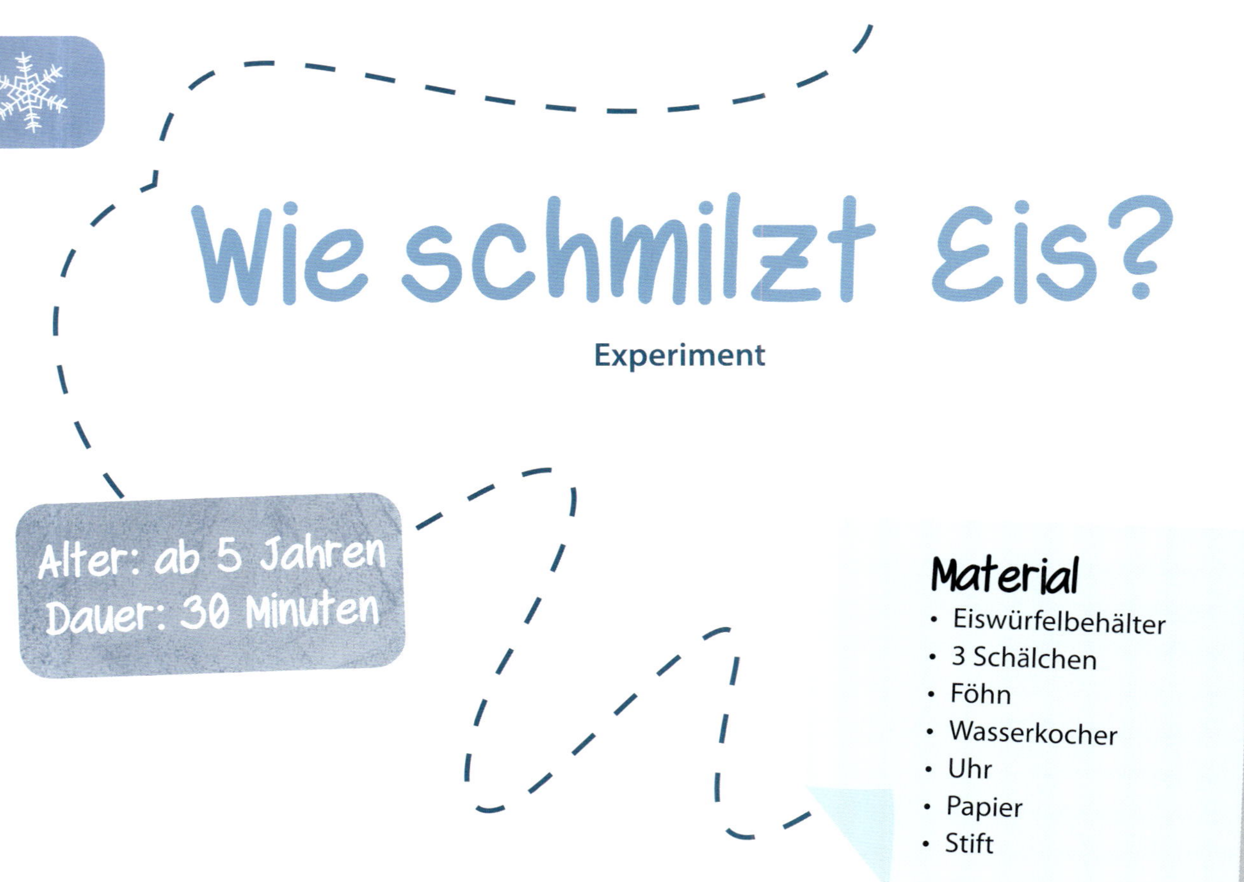

Wie schmilzt Eis?

Experiment

Alter: ab 5 Jahren
Dauer: 30 Minuten

Material

- Eiswürfelbehälter
- 3 Schälchen
- Föhn
- Wasserkocher
- Uhr
- Papier
- Stift

Eis schmilzt, wenn es in eine warme Umgebung kommt. Das wissen die Kinder sicher schon. Doch wann schmilzt es schnell und wann langsam? Was beeinflusst den Schmelzvorgang? Probieren Sie es gemeinsam aus.

Wenn es wärmer wird …

Stellen Sie bereits am Vortag einen Eiswürfelbehälter mit Wasser ins Gefrierfach. Legen Sie nun einen Eiswürfel in ein Schälchen. Sehen Sie auf die Uhr und notieren Sie die Startzeit. Der Eiswürfel im ersten Schälchen darf ganz in Ruhe vor sich hinschmelzen. Der zweite kommt nun in das zweite Schälchen und wird geföhnt. Was passiert? Notieren Sie, wann der Eiswürfel komplett geschmolzen ist. Legen Sie den dritten Eiswürfel in das dritte Schälchen und gießen Sie kochendes Wasser darüber. Die Kinder beobachten, dass der Eiswürfel recht schnell schmilzt. Schreiben Sie auch hier die Zeit auf, die es dauert. Inzwischen ist vermutlich auch der erste Eiswürfel schon komplett aufgelöst. Besprechen Sie die Beobachtungen und die Zeitspannen. Fassen Sie gemeinsam zusammen, was die Kinder gelernt haben. Wenn sie Lust haben, können sie das Experiment anschließend mit Schnee oder mit festen Schneebällen wiederholen. Schnee verhält sich anders als Eiswürfel!

Die Schätze im Eis

Kreatividee

Alter: ab 3 Jahren
Dauer: 45 Minuten

Material

- große Eiswürfelformen
- Schnur
- Naturmaterialien

Wenn es kälter wird und die Temperaturen in den Minusbereich fallen, eignen sich Eiswürfel als schöne Deko für den Kita-Garten. Gepaart mit ein paar Naturmaterialien werden sie so beim Tauen zu einer kleinen Vogelfutterstation.

Vereiste Schmuckstücke

Sammeln Sie mit den Kindern verschiedene kleine und möglichst auch bunte Naturmaterialien. Es eignen sich kleine Früchte genauso wie kleine Blätter oder auch Schneckenhäuser. Sehr schön sind auch Mini-Äpfel oder Beeren. Füllen Sie kaltes Wasser in Eiswürfelformen. Die Kinder legen jeweils ein Material in jedes Fach. Nun müssen Sie nur noch eine Schnur als Aufhänger dazugeben. Das geht am besten, wenn Sie Schlingen machen und diese mit dem Knoten ins Wasser tauchen. Alternativ können Sie die Schnur direkt am Material befestigen und mit eintauchen. Stellen Sie die Behälter über Nacht ins Gefrierfach. Die fertigen Deko-Eiswürfel hängen Sie in die Bäume des Kita-Gartens. Solange es kalt ist, bleiben sie dort und sehen wunderschön aus. Wenn die Eiswürfel anfangen zu tauen, kommen Vögel, um den Inhalt zu fressen.

Unser Fensterbild aus Schnee

Kreatividee

Alter: ab 2 Jahren
Dauer: 20 Minuten

Material

- weiße Papierreste (oder Watte)
- dickflüssiger Kleister
- Pinsel

Mit nur wenigen Materialien können die Kinder ruckzuck eigene Schneeflocken herstellen und an die Fenster kleben. So schneit es, auch wenn es nicht schneit!

Wann schneit es endlich?

Schon Kinder unter drei Jahren haben Spaß dabei, Schneeflocken selbst zu kugeln. Das geht gut mit Papierresten, die möglichst weich sind, wie beispielsweise Zeichenpapier. Auch Watte eignet sich, um kleine Schneeflocken abzuzupfen und zu rollen. Die Kinder stellen möglichst viele Schneeflocken her. Anschließend dürfen sie diese am Fenster anbringen. Dafür tupfen sie mit dem Pinsel einen kleinen Punkt aus Kleister auf die Scheibe und drücken ihre Schneeflocke darauf. Jetzt müssen sie kurz warten, dann hält die Flocke am Fenster. Auch mit Klebestift geht das gut – dieser klebt etwas schneller, ist aber weniger umweltfreundlich. Jetzt können die Kinder Schnee sehen und genießen, auch wenn es draußen gar nicht schneit.

Vogelbeobachtung

Wahrnehmungsidee

Alter: ab 3 Jahren
Dauer: 15 Minuten

Material

Vogelbestimmungsbuch

Im Winter kommen die Vögel häufig an die Futterhäuschen im Garten. Eine gute Gelegenheit, sie aus der Nähe zu beobachten. Welche Vögel sind im Kita-Garten?

Tipp

Wer mag, kann die Vögel auch zeichnen. Schreiben Sie dazu, welche Vögel es sind. Vielleicht entstehen ja auch Fantasievögel.

Schau mal an, wer ist denn da?

Regen Sie die Kinder an, öfter einmal aus dem Fenster zur Vogelfutterstation oder zum Vogelhaus zu sehen. Dort können sie beobachten, welche Vögel angeflogen kommen und wie sie sich verhalten. Lassen Sie die Kinder die Vögel beschreiben. Welche Vögel kommen häufig und welche eher selten? Kennen die Kinder Vogelarten mit Namen? Sehen Sie zusammen in einem Buch nach und benennen Sie die Vögel möglichst oft, damit sich ihre Namen einprägen. Vielleicht gibt es einzelne Vögel, die immer wieder kommen. Dann entdecken die Kinder sicher einige eindeutige Kennzeichen, wie beispielsweise einen weißen Punkt auf dem Flügel einer Amsel. Ob sie wohl morgen wieder kommt?

Winterlicher Früchtetee

Rezept

Alter: ab 5 Jahren
Dauer: 30 Minuten

Früchtetee schmeckt nicht nur gut, er ist auch sehr gesund. Die Kinder können selbst einen leckeren Tee herstellen. Wenn sie viel davon machen, bleibt genug, um ihn hübsch zu verpacken und an Eltern zu verschenken oder auf dem Weihnachtsmarkt zu verkaufen.

Material

- Biofrüchte (Äpfel, Pflaumen, Beeren, Orangen, Zitronen)
- Hibiskusblütentee
- Hagebutten
- Bindfaden
- Backpapier
- Backblech
- Brettchen
- scharfe Messer
- Saftpresse
- feine Reibe

Lecker, lecker!

Waschen Sie die Zitrusfrüchte gründlich und pressen Sie sie – den Saft können Sie trinken. Das Fruchtfleisch streichen Sie möglichst dünn auf ein Backpapier, die Schale reiben Sie ab. Waschen und trocknen Sie die Äpfel gründlich und schneiden Sie sie in Ringe. Die kleinen Stücke legen Sie ebenfalls auf dem Backpapier aus, die Ringe fädeln Sie auf eine Schnur. Die Beeren schneiden Sie nach dem Waschen klein und breiten sie auch auf einem Blech mit Backpapier aus. Lassen Sie alles ein paar Tage über einer Heizung oder einige Zeit im Backofen bei höchstens 50 Grad mit leicht geöffneter Tür trocknen. Nach dem Trocknen mischen Sie die Zutaten mit dem Hibiskusblütentee und den Hagebutten und bewahren sie trocken auf.

Tipp

Wenn Sie bei der Teezubereitung das Wasser nicht kochen oder den Tee über Nacht kalt ansetzen, dann bleiben viele Vitamine erhalten.

Kalte und warme Luft

Wahrnehmungsidee

Alter: ab 3 Jahren
Dauer: 10 Minuten

Ist es draußen warm oder kalt? Wenn Sie Kindern diese Frage stellen, tun sie sich schwer, es einzuschätzen. Richtig, denn das ist ja auch relativ und abhängig vom eigenen Empfinden.

Was fühle ich?

Gehen Sie zusammen ins Freie und stellen Sie sich an einen schattigen Platz. Es sollte kein Wind wehen, denn dann ist es überall ziemlich kalt. Lassen Sie die Kinder ihre Gesichter bewusst spüren. Ist es kalt oder warm? Nun gehen Sie an einen sonnigen Platz und strecken das Gesicht zur Sonne. Wie fühlt es sich an? Die Kinder drehen den Kopf von der Sonne weg und wieder hin. Spüren sie einen Unterschied? Im Schatten ist es kälter als in der Sonne, denn die Sonne wärmt uns mit ihren Strahlen.

Schatzsuche im Schnee

Spielidee

Alter: ab 3 Jahren
Dauer: 15 Minuten

Material
- kleine Spielzeuge
- Äpfel
- Karotten
- Goldmünzen
- kleine Schaufeln
- Ast

Wenn es draußen schneit, können die Kinder im Garten auf eine Schatzsuche gehen. Welche Schätze werden sie finden?

Gute Verstecke

Verstecken Sie Schätze im Schnee. Suchen Sie aus, was zu den Kindern passt: Es kann etwas zu essen sein oder auch Spielzeug. Goldmünzen oder golden bemalte Steine sind dann fast wie echtes Gold. Zum Verstecken können Sie einen Stock zu Hilfe nehmen, um möglichst kleine Löcher in den Schnee zu bohren. Füllen Sie die Löcher mit einem kleinen Schatz, geben Sie Schnee darauf und klopfen Sie alles fest. Jetzt dürfen die Kinder suchen – entweder mit den Händen oder mit kleinen Schaufeln.

Tipp

Wenn stärkerer Schneefall angekündigt ist, können Sie eine Spur aus Goldsteinen legen, die die Kinder am nächsten Tag ausgraben dürfen.

Der Winter ist jetzt da!

Fingerspiel

Alter: ab 3 Jahren
Dauer: 10 Minuten

Die Tage werden kürzer, draußen wird es kälter, das Wetter verändert sich – das merken auch die Kinder. Stimmen Sie sich mit diesem Fingerspiel gemeinsam auf die neue Jahreszeit ein und wecken Sie die Vorfreude auf den Winter!

Eins, zwei, drei,
Mit den Fingern einer Hand mitzählen.
der Herbst ist schon vorbei.
Winken.

Vier und fünf,
Mit den Fingern einer Hand mitzählen.
jetzt brauchen wir warme Strümpf.
Auf die Füße zeigen und mit den Zehen wackeln.

Sechs, sieben, acht,
Mit den Fingern einer Hand mitzählen.
wir machen ne Schneeballschlacht.
Mit den Händen eine Kugel formen und werfen.

Neun und zehn,
Mit den Fingern einer Hand mitzählen.
wenn wir nach draußen geh'n.
Mit beiden Füßen treten und stampfen.

Hurra, hurra,
der Winter ist jetzt da!
Klatschen.

Wir bauen mit Schnee

Kreatividee

Alter: ab 3 Jahren
Dauer: 30 Minuten

Wenn es genug geschneit hat, können die Kinder draußen bauen und kreativ werden. Doch wieso immer nur Schneemänner bauen, wenn der Kreativität doch keine Grenzen gesetzt sind?

Wilde Schneelandschaft

Neben Schneehöhlen und -häusern bauen Kinder sicher auch gern Schneemänner. Doch warum dürfen es nicht auch einmal Schneefrauen und -kinder sein? Auch Hunde, Katzen oder Dinosaurier aus Schnee sehen toll aus. Regen Sie die Kinder an, kreativ zu werden, und bauen Sie mit! Zusätzlich zum Schnee können die Kinder Stöcke, Steine und andere Naturmaterialien verwenden, wenn sie beispielsweise Gesichter gestalten wollen. Fotografieren Sie die Schneefiguren für die Portfolios.

Spuren im Schnee

Wahrnehmungsidee

Material
Tierbestimmungsbuch
(über heimische Tiere und ihre Spuren)

Alter: ab 4 Jahren
Dauer: 30 Minuten

Ein Spaziergang möglichst früh am Morgen bietet die Möglichkeit, Spuren von Tieren zu entdecken. Ideal ist es, wenn es frisch geschneit hat. Bei kalten Temperaturen halten die Spuren im Schnee aber auch längere Zeit.

Welches Tier ist das?

Lassen Sie die Kinder selbst nach Spuren suchen und überlegen Sie gemeinsam, von welchen Tieren sie stammen könnten. Sehen Sie direkt im Buch nach oder machen Sie Fotos, um dann in der Kita zu recherchieren. Denken Sie sich gemeinsam Geschichten aus, was die Tiere erlebt haben könnten. Das Highlight solch einer Spurensuche sind Spuren von Flügeln. Wenn z. B. ein Rabe auffliegt, drücken sich die Flügelspitzen in den weichen Schnee. Das sieht fast so schön aus wie ein Schneeengel. Abschließend dürfen die Kinder auch selbst Spuren im Schnee hinterlassen. Sie können Muster trampeln oder einen Schneeengel machen.

Weiche Schneemänner

Kreatividee

Alter: ab 5 Jahren
Dauer: 20 Minuten

Material

- weiße Wolle
- Pappe (oder Pompon-Schablonen)
- Filz- und Papierreste
- Scheren
- Klebstoff

Schneemänner und -frauen gibt es nicht nur im Garten, wenn es schneit! Auch im Gruppenraum können die Kinder diese lustigen Figuren mit nur wenigen Materialien basteln.

Unsere kleine Schneefamilie

Jedes Kind stellt zwei weiße Pompons aus Wolle her, einen größeren und einen kleineren. Nutzen Sie dafür fertige Schablonen oder stellen Sie diese aus zwei festen Papphalbkreisen her. Je dichter die Kinder die Wolle wickeln, desto dichter und kuscheliger wird auch der Pompon. Die fertigen Pompons knoten sie aneinander. Dabei müssen Sie meist helfen, damit die Verbindungen schön fest sind. Nun brauchen die Schneemänner und -frauen nur noch Gesichter. Diese schneiden die Kinder aus Filz- oder Papierresten aus und kleben sie auf. Wie beim echten Schneemann dürfen die Gesichter aus einer Karottennase und Steinen oder Kohlestücken bestehen.

Tipp

Wenn Sie die Schneemänner und -frauen aufhängen möchten, machen Sie am kleineren Pompon einen Doppelknoten mit den Schnüren und verwenden nur eine Schnur für die Verbindung der beiden Pompons. Die andere Schnur ziehen Sie mit einer Nadel nach oben durch, sodass die Schneefigur später gerade hängt.

Mir ist kalt!

Aufwärmspiel

Alter: ab 3 Jahren
Dauer: 5 Minuten

Brrr, im Winter ist es manchmal ganz schön kalt! Doch keine Sorge – mit diesem bewegungsreichen Aufwärmspiel wird Ihnen und den Kindern ruckzuck wieder warm.

Mir ist kalt, mir ist kalt!
Mit den Füßen treten, mit den Händen die Arme reiben.
Ich friere so! Brrr …
Sich schütteln.

Ich stampfe mit den Füßen,
ich reibe meine Hände,
ich hüpfe auf und ab,
ich springe wie ein Hampelmann.
Entsprechende Bewegungen durchführen.

Jetzt ist mir wieder warm!
Beide Arme nach oben ausstrecken.

Schneelaterne

Kreatividee

Alter: ab 5 Jahren
Dauer: 15 Minuten

Material
- Spieleimer
- große Kerzen
- Schaufeln
- Feuerzeug

Wenn es abends wieder früh dunkel wird, strahlen Kerzen und Lichter eine besondere Stimmung aus. Wenn es schneit, ist die perfekte Zeit für Schneelaternen.

Strahlende Schneelichter

Für einen späten Nachmittag oder Abend in der Kita, z. B. für einen Adventstee, stellen die Kinder Schneelaternen her. Dafür drücken sie mit einem Eimer eine tiefe Mulde in den Schnee. Hier können sie direkt eine Kerze hineinstellen und abends anzünden. Eine andere Möglichkeit ist es, den Schnee mit dem Eimer festzudrücken und feste Schneebälle zu formen. Diese bauen die Kinder wie eine lockere Mauer um den runden Abdruck des Eimers herum. In den Kreis stellen sie eine Kerze hinein. Das Licht leuchtet durch die Ritzen der Schneemauer hindurch. Lassen Sie die Kinder selbst kreativ werden!

Tipp
Statt Kerzen können Sie auch LED-Lichter verwenden.

Winter, ade!

Wahrnehmungsidee

Alter: ab 3 Jahren
Dauer: 15 Minuten

Der Winter dauert manchmal ganz schön lange. Vor allem, wenn es wenig Sonnenschein gibt, erscheint er ewig. Die Kinder suchen draußen nach Zeichen, ob bald der Frühling kommt.

Was sich alles ändert …

Gehen Sie mit den Kindern nach draußen und suchen Sie nach Anzeichen für den Frühling. Schauen Sie bei den Pflanzen nach: Gibt es bereits Knospen? Spitzeln schon erste Krokusse oder Schneeglöckchen hervor? Hören Sie morgens genau hin: Fangen die Vögel an zu singen? Beobachten Sie, ob schon Vögel aus dem Süden zurück sind. Stare kommen manchmal sogar schon im Februar, wenn es warm genug ist. Am Himmel zeigt sich die Sonne bereits höher als noch im Dezember. Sie zieht ihren Bogen weiter oben am Himmel. Das erkennt man, wenn sie plötzlich über das Haus oder den Baum gegenüber steigt. Auch Insekten sieht man vermehrt. Erste Fliegen sitzen an der Hauswand. Die Kinder werden immer wieder neue Details entdecken!

In dieser Reihe sind bereits erschienen:

Bewegungsspiele
ISBN: 978-3-96046-083-1

Spiellieder & Klanggeschichten
ISBN: 978-3-96046-085-5

Fingerspiele
ISBN: 978-3-96046-114-2

Morgenkreis
ISBN: 978-3-96046-115-9

Mitmachgeschichten & Mitmachgedichte
ISBN: 978-3-96046-151-7

Traumreisen & Vorlesegeschichten
ISBN: 978-3-96046-168-5

Rezepte zum Mitmachen
ISBN: 978-3-96046-180-7

Massagegeschichten
ISBN: 978-3-96046-205-7

Mitmachlieder
ISBN: 978-3-96046-220-0

Kreativideen
ISBN: 978-3-96046-236-1

Kreisspiele
ISBN: 978-3-96046-250-7

Klett Kita